AF250568

LES COMITÉS PLÉBISCITAIRES

de la Seine

BANQUET DU 15 AOUT 1894

DISCOURS

DU

Baron Jules LEGOUX

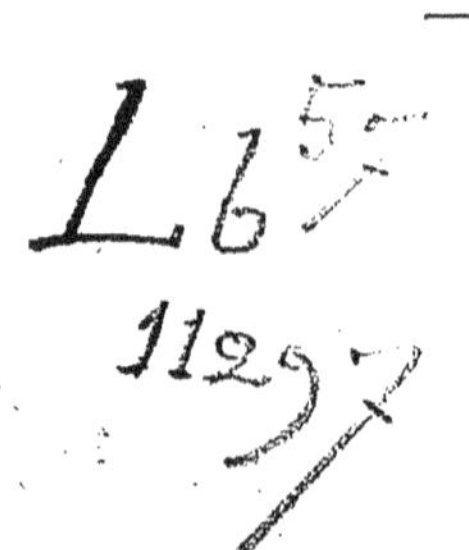

PARIS

IMPRIMERIE LEFEBVRE

87-89 PASSAGE DU CAIRE, 87-89

—

1894

LES COMITÉS PLÉBISCITAIRES DE LA SEINE

BANQUET DU 15 AOUT 1894

DISCOURS

du Baron Jules LEGOUX

Les Comités plébiscitaires de la Seine ont, le 15 août dernier, fêté au SALON DES FAMILLES, suivant leur usage constant, la Saint-Napoléon.

Le Banquet était présidé par M. QUENTIN-BAUCHART, conseiller municipal de Paris, membre du Conseil général de la Seine. Il était assisté par MM. le baron Jules LEGOUX, délégué général du Prince Napoléon près les Comités de la Seine; BLANCHET, ancien préfet; MULLER, président du Comité de Reims; CASTA LUMINO, directeur du *Petit Caporal*; BELLEAUD, ancien conseiller général de Lot-et-Garonne; DEBETZ, vice-président général honoraire; TURPAUD, CHRISTE, SOAVI, vice-présidents généraux des Comités de la Seine, etc.

Un très grand nombre de Comités de Province avaient fait parvenir des dépêches contenant des sentiments de patriotique confraternité. La lecture en a été accueillie, avec de vifs applaudissements par les assistants qui étaient au nombre de 1,100 environ.

Au début du banquet, le Président a donné lecture d'une dépêche télégraphique qu'il avait reçue, le matin même, de Bruxelles et dont voici la teneur :

« *Très touché des sentiments que m'expriment*
« *par votre intermédiaire les Comités de la Seine,*

« *je vous charge de les féliciter, en mon nom, de*
« *leur constante énergie à défendre les droits de*
« *la Souveraineté Nationale et la cause du*
« *Peuple.* »

« NAPOLÉON. »

L'Assemblée a couvert d'applaudissements enthousiastes ce témoignage de la bienveillante satisfaction du Prince.

Au dessert les toasts suivants ont été portés :

Par le PRÉSIDENT, au Prince V. Napoléon.

Par le baron LEGOUX, au Sauveur et au Pacificateur de la France.

Par M. TURPAUD, à l'Impératrice.

Par M. CHRISTE, à l'Alliance Russe.

Par M. SOAVI, aux Comités Plébiscitaires de Province.

Par M. DEBETZ, aux petits et aux humbles.

Par M. BELLEAUD, aux Napoléon.

Par M. LIAUTAUD, président du 11e arrondissement, à M. Quentin Bauchart.

Chacun de ces éloquents discours a été accueilli par des applaudisements nombreux et répétés.

Nous donnons ici le discours de M. LEGOUX.

MESSIEURS,

Il y a plus de 2,000 ans, l'Olympe était peuplé de dieux. Les hommes honoraient leur propre vices dans des divinités qu'ils avaient faites à leur image. Pour ne parler que de l'un d'eux, le dieu des voleurs, Mercure, avait presqu'autant d'autels en Grèce qu'il pourrait s'en voir élever en France par la reconnaissance d'une foule de gens qui ont passé au pouvoir et que nous connaissons que trop, hélas !

Or, un jour, à Athènes, dans un banquet, un homme se leva. C'était un philosophe. Déjà, il sentait le vieux monde s'écrouler autour de lui: Tant de hontes, de turpitudes, de crimes avaient soulevé son âme de dégoût et d'horreur! Il pressentait que ces infamies auraient une fin, et il apercevait, dans les brouillards des siècles à venir, apparaître la figure d'un Dieu de justice et de vérité.

Donc, Socrate se leva, ayant à la main sa coupe dorée par le vin de Corinthe, et il dit : « Mes amis, je bois au Dieu inconnu. »

Ainsi, fais-je. Je vous dis en levant ce verre de vin de France : « Mes amis, je bois au Sauveur inconnu ! » *(Applaudissements prolongés.)*

Quatre cents ans après la mémorable parole de Socrate, le vrai Dieu se révélait au monde. Notre malheureux pays n'attendra pas si longtemps le vrai Président de la République. J'ai la même conviction qu'il n'aura pas à compter sept années. N'entendez-vous pas mugir à l'horizon le grand vent de la tempête populaire qui balaiera les hommes et les choses ? Bientôt, soyez-en convaincus, la Révision de la Constitution nous donnera un gouvernement dans lequel les grands mots de : Liberté, d'Égalité, de Fraternité, ne seront pas seulement peints à la détrempe sur nos monuments publics, mais seront mis en pratique par tous.

Ce jour là, le Chef de l'État sera élu par la Nation ! Il faut que, désigné par le Peuple, il soit responsable devant le Peuple du bien et du mal qui sera fait.

Telle est la doctrine immuable, irréductible, du Parti Bonapartiste. *(Oui! Oui! Bravo!)*

Il y a un an, à cette même place, je vous disais : « Le Parlementarisme c'est l'ennemi ! » Je me rappelle les commentaires furibonds produits alors par certains journaux devant une aussi criminelle affirmation, et leurs efforts pour faire ressortir l'utilité de ce système politique, dont ils ne pouvaient assez chanter les bienfaits.

J'en connais parmi ceux-là, — et je les en félicite, — qui, pour employer une expression vulgaire mais typique, ont bien « déchanté » depuis ce jour, et qui, sans renier en principe cette forme de gouvernement, demandent qu'on la modifie de fond en comble.

Depuis plus de vingt ans, le Parti Bonapartiste prévoit et redoute les événements qui se précipitent aujourd'hui. Depuis longtemps, par la parole et par la plume, nous demandons un gouvernement autoritaire, basé sur le respect du Suffrage Universel ; et c'est cette année seulement, que la terre que nous avons labourée commence à nous récompenser de nos peines; que la moisson que nous avons semée se prend à germer !

Oui, le Pays, aujourd'hui, a le mépris des tripotages criminels des assemblées législatives, la honte d'avoir été gouverné par des politiciens, voleurs, concussionnaires, prévaricateurs ; dont les uns sont tombés du pouvoir dans les prisons ; les autres n'ont dû qu'à la mort d'échapper au juste châtiment des lois : dont d'autres, enfin, sont restés impunis et outragent par leur présence au milieu des citoyens honnêtes la majesté du Peuple.

Ainsi, les faits, eux-mêmes, sont venus prouver que, sous un tel gouvernement, il n'y avait, ni sécurité, ni honneur, ni travail rémunérateur, ni entreprises fécondes de longue haleine, ni justice équitable, et que le Pays était livré aux plus ignobles et aux plus criminels marchandages.

Dans ce délabrement général de l'édifice social ; au milieu de ces craquements sinistres qui annoncent l'effondrement de la maison, une colonne subsiste, fière et solide, qui, seule, en soutient encore les poutres chancelantes ; c'est l'armée.

Chez elle se sont réfugiés les sentiments de devoir, de désintéressement, d'obéissance, de dévouement à la chose publique, qui ne se rencontrent plus guère maintenant au cœur de ceux qui détiennent une parcelle du pouvoir.

L'armée, c'est l'honneur de la France ! *(Longs bravos.)*

Saluons donc l'armée, Messsieurs ! Saluons-la surtout en ce jour où nous fêtons celui qui fut le premier Soldat du monde. Levons nos verres à ces drapeaux tricolores que Napoléon a promenés victorieux à travers l'Europe entière ! *(Vive l'Armée!)*

Mais nous voici bie   à un régime actuel ; bon

gré malgré, il nous faut y revenir et descendre des altitudes où nous avaient entraînés ces mots magiques : « L'Armée Française ! — Napoléon ! » pour retrouver à terre le gâchis politique.

Donc, je vous disais que, chez le Peuple Français, le sentiment de l'honnêteté publique refleurissait et que le besoin d'une autorité responsable se faisait sentir.

Ce n'est pas, en effet, impunément qu'un pays supporte les quinze dernières années qui lui ont été infligées et qu'il voit tout s'écrouler autour de lui.

Ce n'est pas impunément que le commerce se meurt ; que l'industrie est ruinée ; que les banqueroutes succèdent aux faillites ; et que la misère publique monte, monte toujours.

Ce n'est pas impunément que l'on double, que l'on triple les impôts et que l'on voit la Chambre des députés n'avoir qu'une préoccupation, rechercher de quelle façon on pressurera le mieux et le plus la Nation. *(Ils nous volent !)*

Ce n'est pas impunément qu'on a retiré à la jeunesse tout idéal ; que, dans les écoles, on a banni tout sentiment religieux et moral, et qu'on a érigé l'égoïsme en doctrine.

Ce n'est pas impunément qu'on a enseigné à l'enfant la révolte contre toute autorité et qu'on lui a inculqué le mépris de tout devoir.

Ce n'est pas impunément qu'on s'est attaqué à l'armée, qu'on l'a vilipendée, traînée dans l'ordure, bafouée, insultée, calomniée.

Ce n'est pas impunément qu'on a châtré l'histoire de France de ses gloires les plus grandes, et que l'on a cherché à faire disparaître des livres pour la jeunesse le nom immortel de Napoléon.

Ce n'est pas impunément qu'on a tout nié : la gloire, la patrie, la religion, et qu'on a fait une génération qui, sans foi patriotique dans le présent, n'a plus la consolation de revivre dans les hauts faits du passé, et, regardant l'avenir, n'ose aspirer à des jours meilleurs par l'apaisement des haines attisées entre les fils de la même mère.

Non, tout cela n'a pas été fait impunément, et les résultats désolants de ces pratiques folles pèsent cruellement aujourd'hui sur la France tout entière.

Certes, nous condamnons tous avec la dernière énergie, les criminels qui se mettent en état de rébellion contre la Société et qui prétendent la renouveler par la violence, avec l'aide du fer et du feu ; et en cela nous sommes conséquents avec nos doctrines et notre passé.

Certes, nous ne saurions considérer avec trop d'horreur les effroyables attentats dont ces misérables se sont rendus coupables et qui ont épouvanté le pays tout entier.

Mais, plus leurs crimes sont grands, plus nous avons le droit de rechercher les responsabilités et d'étudier sous quelle influence néfaste ils ont agi.

Messieurs, dans l'ordre physique, quand l'orage éclate, quand la foudre tombe sur la terre, c'est que, dans les régions élevées de l'air, existent de profondes perturbations. Les arbres déracinés, les récoltes ravagées, les maisons frappées par le tonnerre, ne sont que le résultat forcé des troubles profonds qui se sont produits là-haut, sur nos têtes.

Il en est de même dans l'ordre moral : Les troubles qui, depuis des années, se produisent dans les régions élevées du pouvoir; les perturbations signalées dans la conscience de ceux qui ont manié les affaires publiques ; la dégénérescence de l'âme chez des hommes que leur situation sociale et leur position de fortune devaient garantir contre les compromissions honteuses ; toutes ces choses mauvaises qui se passaient au-dessus de notre tête, chez les grands du jour, ont eu pour résultat de jeter la perturbation plus bas, chez les humbles, les petits, les malheureux. *(C'est vrai; c'est vrai!)*

Si vous ne pouvez leur boucher les oreilles pour qu'ils n'entendent pas, leur fermer les yeux pour qu'ils ne voient pas, leur atrophier le cerveau pour qu'ils ne comprennent pas, comment les empêcherez-vous de juger et de comparer ?

Comment voulez-vous que leur cœur ne soit pas ulcéré, que la rage ne ronge pas leur âme, lorsqu'ils voient les voleurs de grande route, députés, ministres, brasseurs d'affaires, vivre impunis au milieu des ruines et des désespoirs qu'ils ont accumulés ? *(Oui! A bas les vendus!)*

Aussi, disons-nous à ceux-là qui, depuis de

longues années, sont au Pouvoir, soit par eux-mêmes, soit par leurs amis :

Descendez au fond de vos consciences. Dans ce grand mouvement de revendication violente des pauvres et des misérables, demandez-vous à vous-mêmes quelles peuvent être vos responsabilités?

N'est-ce pas vous qui avez prêché, par la parole et par l'exemple, la satisfaction immédiate des jouissances et la haine des citoyens les uns contre les autres ?

N'est-ce pas vous, ou les vôtres, qui, arrivés sans le sou au Pouvoir,— ce qui est un honneur ; en êtes sortis, au bout de quelques années, souvent de quelques mois, outrageusement riches, — ce qui est une honte? *(Les voleurs!)*

N'est-ce pas vous qui avez trafiqué des fonctions publiques, des grades, des croix; qui avez mis à l'encan les consciences, vendant les vôtres, achetant celles des autres, prostituant tous les principes de gouvernement? *(Voleurs!)*

N'est-ce pas vous qui, pour renverser l'Empire, avez, pendant des années, crié : « Sus aux bourgeois riches qui vous exploitent »? Et, par un retour étrange des choses d'ici-bas, voilà que vous êtes, aujourd'hui, les bourgeois riches, et que vous voulez être défendus contre vos anciens amis et vos anciennes doctrines. *(Bravos ironiques.)*

N'est-ce pas vous qui avez acclamé le vers infâme :

« Tu peux tuer cet homme avec tranquillité! »

Eh bien! si tout cela est exact, votre conscience ne vous dit-elle pas que vous êtes les premiers coupables; que c'est vous qui avez fait naître la haine dans les cœurs, surexcité et enflammé les plus criminelles passions?

Et, aujourd'hui, terrifiés des résultats de votre œuvre néfaste, vous venez, pour vous défendre vous-mêmes, ressusciter, en les aggravant, ces lois de sûreté générale contre lesquelles vous n'aviez pas assez de colères quand elles protégaient le Peuple de France, sous la direction salutaire du Chef qu'il s'était librement donné. *(Ha! Ha! rires prolongés.)*

En vérité, ne vous vient-il jamais à la pensée que la Nation finira par se lasser? Croyez-vous qu'elle supportera longtemps encore toutes ces palinodies? Ne pensez-vous pas que déjà elle vous juge et vous condamne?

Après avoir prêché toutes les licences, quand vous étiez en dehors du Pouvoir, voici que vous accablez le pays de toutes les tyrannies, maintenant que vous avez usurpé le Pouvoir. *(Oui! Oui!)*

Républicains, vous faussez le principe fondamental de la République, qui est la liberté. Vous avez peur de la liberté!

Parlementaires, vous cherchez à restreindre le parlementarisme; vous allez « ligoter » le droit d'interpellation à la Chambre. Vous avez peur des immunités parlementaires!

Pseudo-démocrates, vous avez mutilé le suffrage universel en créant le vote par arrondissement et en n'acceptant ni le referendum, ni le plébiscite qui veut le Peuple maître de ses destinées. Vous avez peur du Peuple! *(Vive le Peuple!)*

Libéraux, vous promulguez contre les écrivains qui s'inspirent de leur conscience et non du ministère de l'intérieur, des peines qu'aucun gouvernement en France n'avait osé édicter. Vous avez peur de la pensée humaine!

Ah! les pauvres gens! Ils s'imaginent qu'en s'étant retirés là-bas, à Versailles, loin du grand jour de Paris, pour nommer, en catimini, par 450 voix, un Président que son immense fortune place au-dessus des compromissions d'argent; ils ont tranquillisé les monarchistes, leurs nouveaux amis.

Surtout, oh! surtout, ils se proclament braves parce qu'ils menacent; ils s'estiment forts, parce qu'ils sont violents.

Forts! Il n'y a qu'un pouvoir qui puisse se prétendre fort, c'est celui qui sort des entrailles mêmes du Peuple.

Le Chef du gouvernement est fort lorsqu'il est en même temps le Chef de la France, et il ne l'est que quand le Peuple l'a élu directement. *(Vive Napoléon!)*

Le gouvernement est fort lorsqu'il agit, non

pas pour « sauver sa mise », mais lorsqu'il n'a d'autre but que le bien et le bonheur de la Patrie.

C'est ce gouvernement-là que le pays appelle de ses vœux; c'est celui-là que les Bonapartistes n'ont cessé de réclamer. *(Nous l'aurons!)*

Enfants de la glorieuse Révolution de 89, démocrates convaincus, amis de ceux qui souffrent, patriotes ardents, les Bonapartistes ont toujours été au premier rang pour défendre les droits sacrés de la Nation. Aujourd'hui, où plus que jamais c'est un poste de combat, ils tiennent à honneur d'y demeurer. *(Oui, jusqu'à la mort !)*

Ils restent inébranlablement fidèles aux doctrines démocratiques et plébiscitaires des Napoléon, dont le Prince Victor Napoléon est le représentant énergique et convaincu. *(Vive le Prince Napoléon!)*

Et vous, Bonapartistes qui m'écoutez, pensez-vous que ce soit le moment d'abandonner les intérêts de cette malheureuse Nation ? Parce qu'il y a des dangers à la défendre, ne voudriez-vous plus être des soldats dévoués jusqu'à la mort. S'il en était parmi vous qui craignent et qui aient peur, qu'ils sortent de cette enceinte... Ils sont indignes d'être assis à ces tables fraternelles. *(Tous, tous, nous sommes fidèles!)*

Mais, si tous, comme vous me le dites, vous comprenez la grandeur de notre devoir, si nous sommes, non pas des patriotes de salon, de brasserie et de café-concert, mais des patriotes de cœur et d'âme, d'action et d'énergie, marchons bravement notre chemin, réclamons la Revision, et au milieu du grand silence qui va se faire dans ce pays, soyons la voix qui clame : « Il n'y a qu'un maître en France, c'est le Peuple! Seul, il a le droit de choisir son Chef! »

Celui qui aura reçu directement ce mandat suprême de la Nation sera bien le représentant vivant de la Patrie. Tous, devront reconnaître son autorité; tous, devront lui obéir. Aussi, est-ce à lui que je bois par avance, à lui que je vous convie de boire.

Messieurs, à l'Élu de la France entière!

A celui que le Peuple libre et souverain acclamera Sauveur et Pacificateur!

(Vive le Prince Napoléon ! C'est lui qui nous sauvera! L'Orateur est félicité par tous, au milieu d'un enthousiasme général.)

A la fin du Banquet, l'ordre du jour suivant a été proposé par le Président :

« Les Bonapartistes, réunis au nombre de « 1,100 dans le SALON DES FAMILLES pour fêter « le 15 août, affirment de nouveau leur inébran-

« lable attachement à la cause du Peuple, et
« réclament toujours avec la même énergie que
« son droit souverain lui soit restitué. »

« Ils saluent dans le Prince V. Napoléon le
« représentant naturel de la grande cause démo-
cratique et plébiscitaire. »

C'est avec des applaudissements frénétiques que
l'Assemblée a acclamé cet ordre du jour éminem-
ment patriotique et français.

Paris-Imp. LEFEBVRE. Pass. du Caire. 87-89. — 352594

www.ingramcontent.com/pod-product-compliance
Lightning Source LLC
Chambersburg PA
CBHW051507060726

47596CB00007B/2955